LA
VÉRITÉ

SUR LA

SITUATION ACTUELLE DE LA FRANCE

LA
VÉRITÉ

SUR LA

SITUATION ACTUELLE DE LA FRANCE

ET

DES CAUSES

QUI DOIVENT INÉVITABLEMENT AMENER DES PERTURBATIONS DANS L'ORDRE SOCIAL.

PAR G^e Du DEMAINE

ANCIEN LIEUTENANT DE VAISSEAU.

> Du sévère destin tel est sur nous l'empire,
> Que tout change ici-bas et tend à se détruire !

FÉVRIER 1849.

AVIGNON

CHEZ Fr. SEGUIN AINÉ, IMPRIMEUR-LIBRAIRE
rue Bouquerie, 13.

1849

I.

LA VÉRITÉ SUR LA SITUATION ACTUELLE DE LA FRANCE.

De tout temps, il a été reconnu que les rois, que les princes ne voulaient pas entendre la vérité. Depuis que le peuple est devenu souverain, il a ses courtisans; il aime ses flatteurs, et se laisse facilement aller à cette erreur, qui semble attachée à la souveraineté. Quelque difficile qu'il soit de faire écouter la vérité, je ne recule pas devant la tâche que je me suis imposée, fort de mes convictions, de la droiture, de la sincérité de mes sentiments.

Je n'ai d'autre but, dans le travail que je me

propose, que d'éclairer mes concitoyens; je serai largement récompensé si je parviens à en convaincre quelques-uns.

Des événements de la plus haute gravité se sont succédé avec une telle promptitude, depuis moins d'un an, qu'on n'a pu encore réfléchir et se rendre compte de leurs causes.

La société était menacée jusque dans son existence; elle l'est encore, par des hommes ignorants que quelques utopistes égarent, par des ambitieux qui n'ont pas craint de soulever les plus mauvaises passions, les passions les plus subversives, les plus antisociales, pour s'élever, eux, à des places que leur orgueil et leur cupidité leur faisaient convoiter, et dans lesquelles ils nous ont montré leur incapacité d'abord, leur inintelligence, leur partialité ensuite. L'esprit public a promptement fait justice d'une portion de ces hommes; ils se sont heureusement montrés ce qu'ils sont, dès le début, et il n'est personne aujourd'hui qui ne connaisse leur valeur réelle. Aussi n'ont-ils pas manqué, pour la plupart, voyant l'autorité leur échapper, de se jeter même tête baissée dans les émeutes qui ont ensanglanté la Capitale; et, comme toujours, les habiles se sont tenus en arrière, attendant que les imprudents eussent remporté une victoire dont ils se seraient empressés de piller le produit, à l'exclusion des malheureuses dupes qu'ils ont mises en avant, et qui, aujourd'hui, expient dans les prisons leur trop fatale crédulité.

Le peuple tout entier a pu juger, par ces levées de boucliers, des véritables intentions d'un grand nombre de ceux qu'on appelle Républicains rouges : aussi s'est-il levé en masse pour la conservation de la société menacée ; aussi a-t-il, par son vote du 10 décembre, prouvé qu'il ne voulait pas de ces terroristes ; aussi n'y a-t-il plus en France qu'une pensée, qu'un cœur, qu'un bras, pour soutenir l'ordre, la famille, la véritable liberté !...

Devant ces grandes questions d'existence sociale, les questions secondaires ont dû nécessairement s'effacer. Il ne doit plus y avoir, il n'y a plus, dans le pays tout entier, que, d'une part, des citoyens paisibles voulant le règne de l'ordre, le respect aux personnes et aux propriétés, et enfin toute la liberté compatible avec le maintien des lois ; d'autre part, ces hommes qui veulent à tout prix avoir en main l'autorité, une large part au budget, traiter leurs concitoyens suivant leur bon plaisir. Et en effet, ne se sont-ils pas octroyé, dès le principe, des pouvoirs illimités ? En vrais proconsuls, ne se sont-ils pas mis au-dessus des lois ?

Ces hommes, qui sont presque tous perdus de réputation, criblés de dettes, veulent conduire les affaires de l'État ; et comme ils sont, pour la plupart, incapables et trop adonnés à leurs plaisirs, pour se créer une position, ils veulent la trouver toute faite, et ils ne craignent pas, pour atteindre à leur but, de soulever les plus mauvaises passions chez des hommes trop confiants dans leurs paroles mensongères, dans leurs promesses irréalisables ; car, à tout prix, ce sont des sinécures qu'il leur faut, et périsse plutôt la France entière que de voir le triomphe d'un régime qui, les appréciant à leur juste valeur, les récompenserait suivant leur mérite, en les chassant !... Ils ne rougissent pas, ces hommes, d'appeler à leur aide, d'armer tout ce que les bouges de Paris contiennent d'assassins et de voleurs, ainsi que nous l'ont prouvé les conseils de guerre.

Il ne me paraît pas nécessaire de parler plus longuement des événements qui tiennent la France dans la stupeur et l'Europe en émoi.

Nous savons tous, malheureusement, comment se font ces révolutions, ces changements de gouvernement, qui, si souvent depuis soixante ans, ont jeté la perturbation dans le plus beau pays du monde, ruiné en quelques instants le commerce, renversé les industries les mieux établies, celles qui donnent à ces masses d'ouvriers le pain de chaque jour ! Nous en faisons en ce moment une dure expérience, et il n'est que trop à craindre que, de longtemps, nous ne voyions renaître le commerce, l'industrie, qui, seuls, peuvent rétablir la tranquillité dans cette grande ville de Paris, qui nous fait subir les conséquences de ses folies, et dans laquelle disparaissent les lourds impôts qui nous écrasent. Car, semblable à un gouffre béant, cette Babylone moderne absorbe le fruit de nos labeurs, et en échange de nos richesses qu'elle engloutit, elle vomit périodiquement tous les quinze ans, la terreur et la ruine sur nos provinces désolées !...

Et de quel droit quelques agitateurs, après avoir soulevé une populace aveugle, viennent-ils imposer à trente-quatre millions d'hommes libres le joug de leur despotisme ?

Cette tyrannie nous est imposée par cette inique centralisation, née de l'absolutisme. C'est elle qui, faisant consister la France dans Paris, a rendu possibles ces révolutions, fléau de notre âge.

Il est temps de nous affranchir de cette absurde centralisation, née des mauvais jours de 93, perfectionnée par le despotisme militaire, qui l'exerça sur les hommes d'abord ; plus tard, l'administration a couvert nos départements de ce vaste réseau de fer qui les étreint. Nos villes et nos campagnes sont régies par des préfets pris au hasard parmi les plus bruyants des factieux qui arrivent au pouvoir ; hommes en général sans théorie, sans études, sans pratique surtout, ils entravent les progrès vers le bien. Ce sont de petits despotes sans indépendance aucune, qui sacrifient les intérêts les plus chers des populations à leur fortune particulière, et qui ne craignent pas de ramper devant le pouvoir quel qu'il soit.

Il est temps enfin que la liberté d'enseignement soit rendue au pays, qu'il ne gémisse plus sous le joug intolérant de l'université (comme si elle seule avait le monopole de l'intelligence, du savoir). Il faut que la première, la plus grande des garanties, la plus chère des libertés soit rendue à la famille.

Aujourd'hui plus que jamais, chaque partie de la France doit peser de tout son poids dans la balance de ses destinées.

Mais abandonnons ces faits ; tournons nos yeux vers ce peuple, auquel nous appartenons, et après avoir stigmatisé les fauteurs de ces désordres, pour être équitables, voyons si nos frères n'ont pas à leur tour de justes plaintes à élever, et s'il n'est pas possible d'apporter quelque soulagement à ces cruelles misères, que l'intrigant et l'homme corrompu savent si bien exploiter, aux dépens de la société tout entière, mais à leur profit particulier.

Ne convient-il pas, pour trouver un remède au paupérisme qui, depuis quelques années, envahit la France avec une rapidité si effrayante, d'en rechercher les causes ?

N'est-ce pas dans la misère, dans le malaise des populations ouvrières, que les fauteurs d'anarchie trouvent un levier capable d'ébranler l'ordre social ?

Le meilleur gouvernement n'est-il pas celui qui, par ses lois, par ses traités de commerce, par sa prudence à soutenir, à ménager les intérêts de tous ses administrés, leur assure des moyens faciles de gagner leur existence et celle de leur famille ?

Ces diverses questions doivent nécessairement nous ramener à chaque instant vers les règnes passés, car la République de 1848 s'est bornée jusqu'à ce jour à détruire ; elle a ouvert un gouffre sans fond, où elle a précipité pêle-mêle les finances de l'État, le crédit public, le crédit privé, l'agriculture, le commerce, l'industrie, en un mot tout ce qui constitue un pays civilisé. Sous le nom de République, elle a conservé les abus, surenchéri sur le règne de corruption qui a pesé si lourdement pendant dix-huit ans sur la France, et dont nous sentirons longtemps encore les funestes effets!

Il est vrai qu'elle a écrit sur tous nos murs :

LIBERTÉ, ÉGALITÉ, FRATERNITÉ !

devise mensongère s'il en fut jamais, témoin les événements de juin, et qui n'aura d'égale dans l'histoire que : LA CHARTE SERA DÉSORMAIS UNE VÉRITÉ!

J'aurai besoin quelquefois de porter un jugement sévère sur le passé. Aucune idée de haine n'entre dans mon cœur. J'appellerai à mon secours des statistiques, des documents officiels, heureux s'ils peuvent apporter quelque conviction chez mes concitoyens, dont l'esprit doit être aujourd'hui dégagé de toute espèce de jalousie. Car il me faudra absolument parler des règnes passés, pour trouver quelque chose d'édifié, pour comparer.

Encore une fois, que pouvoir dire de la République de 1848? qu'elle a tout renversé, tout détruit. Son unique création est cette constitution si péniblement élaborée, dans laquelle on a peu eu le mérite de l'invention, qu'on s'est bien gardé de soumettre au jugement du pays, et qui vivra.... ma foi, ce que peut vivre une œuvre pareille, au dix-neuvième siècle.

Parlant du passé tel qu'il était constitué, je serai forcé de vous dire quelque chose du clergé: on ne peut plus le jalouser, il est ruiné! de la noblesse: elle n'a plus de priviléges, elle n'existe plus que pour mémoire, elle est ruinée aussi! Il n'y a plus de corporations, plus de grands propriétaires, plus de grands héritages. Si tout cela est réduit à néant, les documents ministériels nous ont éclairés toutefois sur les résultats de ces destructions.

On ne saurait disconvenir que, depuis un demi siècle, la France a eu de grands destructeurs; le génie du mal a plané sur les destinées de ce peuple qui, si longtemps, semblait favorisé du ciel. Il y a eu de grands destructeurs, de grands coupables, mais parmi eux, beaucoup d'hommes de bonne foi.

Aujourd'hui que des documents officiels sont livrés à la publicité, on peut raisonner sur un ensemble de faits qui ne laissent aucun doute à l'esprit. Aujourd'hui donc, de pareilles erreurs ne sauraient être imputées à l'ignorance.

Beaucoup veulent raisonner de l'économie politique, mais ne veulent pas l'étudier, comme si cette science, la première de toutes, la plus compliquée, puisque d'elle dépend le bonheur de l'humanité, son existence, ne méritait pas de fixer l'attention et les études des esprits sérieux.

Je serai obligé de comparer souvent notre agriculture à celle de l'Angleterre. Ce ne sera pas malheureusement à notre avantage. Enfin nous pourrons peut-être tirer quelques enseignements de son industrie agricole, et ce sera la seule circonstance où son voisinage ne nous aura pas été nuisible.

Remontant enfin à cette époque à laquelle on voudrait nous faire croire que nos pères étaient dans un état voisin de la servitude, je vous démontrerai que leur existence matérielle était préférable à la nôtre.

La France était alors, relativement à l'Angleterre, plus puissante qu'aujourd'hui. N'est-ce pas la seule époque de notre histoire où nous ayons promené notre pavillon victorieux sur toutes les mers du globe, en assurant l'indépendance des États de l'Amérique du Nord?

Ce fut une grande faute politique, que nous avons chèrement expiée, qui trouve sa cause dans l'esprit philosophique du dix-huitième siècle, et son excuse, dans la philanthropie toute chrétienne du Roi martyr! Nul prince n'avait plus fait pour son peuple, aucun n'en recueillit plus noire ingratitude! ce qui nous prouve d'une façon irrécusable que les esprits pervers tendent toujours à abuser de la bonté paternelle d'un souverain, et à le renverser de son trône, n'ayant d'autre but que de troubler l'ordre, afin de se créer, au milieu de ce tumulte, des positions que, dans des temps ordinaires, leur médiocrité ne leur permettrait pas d'atteindre.

Nous en voyons de nos jours un exemple bien frappant dans ce saint Pontife qui avait tout fait pour son peuple, et que quelques intrigants sont parvenus à chasser de sa capitale. Gardé à vue dans son palais, Dieu a permis sa fuite, pour éviter sans doute un crime à ce peuple aveugle , crime qui eût couvert de deuil le monde chrétien.

La Providence n'a pas voulu que la même génération, la même année, vît tomber deux princes de l'Église sous le fer des assassins.

DES CAUSES QUI DOIVENT INÉVITABLEMENT AMENER DES PERTURBATIONS DANS L'ORDRE SOCIAL.

Nous venons de tracer une rapide esquisse de la situation de la France. L'esprit de l'homme le plus prévenu ne saurait nous accuser d'avoir assombri ce triste tableau des périls de la société; je crois pouvoir prouver les causes de sa marche rapide vers la dissolution.

Il n'est personne qui puisse révoquer en doute que les causes des perturbations qui nous frappent ne soient en raison directe des souffrances des masses, du paupérisme en un mot.

Car, mettant à part le petit nombre d'intrigants

qui veulent parvenir au pouvoir pour se créer une existence facile et paresseuse, on est bien forcé de reconnaître que ce ne sont pas les classes qui souffrent le moins qui sont prêtes, à chaque instant, à mettre notre existence sociale en question, en ensanglantant les rues de la Capitale, en semant la terreur dans nos grandes cités, dans nos campagnes.

Je ne crains pas davantage, dans cet écrit, de flétrir les anarchistes, de crier anathème sur eux, que je ne craindrais de descendre sur la place publique pour opposer à leurs féroces, à leurs sauvages passions, une poitrine et un bras d'homme fort de son droit, de ses convictions, de sa conscience.

Je ne voudrais pas cependant, dans les vérités que j'ai à dire, que d'honnêtes, d'honorables citoyens se méprissent sur mes intentions. Une seule passion me domine : l'amour du bien public. De grandes fautes ont été faites; beaucoup étaient de bonne foi; essayer de leur démontrer les conséquences fatales de leurs erreurs, est, je crois, l'œuvre d'un bon citoyen. C'est à cet unique but que tendent mes efforts : puissé-je y atteindre!.....

Arriver à augmenter le bien-être des populations, est le problême à résoudre; de sa solution découle naturellement l'ordre, qui peut seul assurer la prospérité nationale, tandis que les révolutions plongent au contraire le pays dans la plus grande misère, en paralysant le crédit, en tuant le travail, en annihilant conséquemment la production.

On ne saurait mettre en doute que la puissance

d'un État dépend de son agriculture. L'abondance fait accroître les populations ; les produits agricoles sont la base du commerce d'un peuple , et il est d'autant plus riche qu'il peut exporter davantage.

Tout esprit sérieux qui, en lisant notre histoire, ne se borne pas à y voir seulement une succession de princes , de batailles et d'événements chronologiques, remarque surtout les effets produits par la législation , et la tendance naturelle des princes à l'absolutisme. Pour atteindre à cette omnipotence, ils durent renverser le seul obstacle qui s'opposait à leur volonté : le clergé , la noblesse. Pour détruire la puissance de ces deux ordres , il fallait nécessairement les ruiner, car c'est la possession qui établit la puissance. Ce qui aida singulièrement au renversement des deux premiers corps de l'État, ce fut la jalousie du tiers, qui, ayant du bien-être, de la richesse , ne voulut plus admettre aucune supériorité sociale, aucune aristocratie, et comme l'esprit humain est ainsi fait, qu'on ne veut pas admettre de supérieurs , mais qu'on veut bien avoir des inférieurs ; de la destruction de l'aristocratie de naissance naquit l'aristocratie de l'argent.....

Nous verrons, dans le cours de cet écrit, ce que le pays a matériellement gagné à ce changement.

Les guerres étrangères, qui furent presque continuelles sous le règne de Louis XIV, commencèrent à ruiner la noblesse, qui tint à honneur de les soutenir. En ce temps-là, on faisait la guerre à ses dépens : aussi beaucoup y sacrifièrent leurs propriétés aliénables ; et ces sacrifices ne suffisant pas, ils contractèrent des dettes. Les créanciers, appuyés par les parlements qui détestaient la noblesse d'épée, détruisirent les droits d'aînesse et de substitution.

Les terres passèrent alors du système d'agglomération à une tenure agraire, et devinrent bientôt aussi faciles à partager entre les enfants, à diviser et à vendre, que leurs produits l'étaient précédemment.

En 89, il ne restait de terres agglomérées que les biens en main morte du clergé. Mais depuis l'édit de 1742, ce corps ne pouvait plus acquérir, même à titre onéreux. Il fut dépouillé de ce qu'il possédait. A partir de cette époque, le sol de la France est, sans exception, soumis à la loi agraire, tandis que celui de la Grande-Bretagne l'est aux terres agglomérées.

Nous allons nous éclairer des documents officiels de la production du sol, qui nous sont fournis, soit par les intendants des provinces, soit par le rapport fait en 1840 à Louis-Philippe. Nous ne pourrons, après cet examen, conserver aucun doute sur la portée matérielle, relativement à la nourriture du peuple, des produits de la grande propriété, comparés à ceux obtenus par le morcellement des terres.

La spéculation, sachant admirablement mettre à profit les convenances de position, a divisé, sous la Restauration, les quelques grandes propriétés qui restaient encore ; de telle sorte que le territoire, possédé aujourd'hui pas plus de cinq millions de familles, a été, non pas mis en lambeaux, mais réduit en poussière.

La diminution des fortunes, le luxe toujours croissant, ont engagé les propriétaires de terres considérables à s'en défaire, afin d'obtenir un plus grand revenu. Le gouvernement a trouvé alors plus de facilité à réaliser ces emprunts énormes, ulcère qui nous ronge ; les jeux de Bourse, les entreprises de tout genre, enfin les chemins de fer, cette folie à laquelle nos neveux ne pourront croire, ont achevé de jeter la perturbation dans les esprits de toutes les classes de la société, en ruinant les malheureuses dupes des habiles, des loups-cerviers de la Bourse.

Depuis 1814, les gouvernements, en France et en Angleterre, se sont livrés à des travaux suivis, pour connaître sûrement les produits de l'agriculture dans les deux pays.

Le fisc aux cent yeux, et surtout aux cent mains, nous prouve qu'il n'a rien de fabuleux. Ses agents, au bout d'une longue suite d'années, ont fini par publier toute l'étendue des ressources que le sol présentait dans ces deux pays.

Les comparaisons sont donc faciles à établir.

Produits annuels de la France, d'après les rapports officiels faits en 1840, pour une population de 34 millions d'habitants et un territoire de 54 millions d'hectares.

Pour la nourriture.   Proportion.

8 kilos, 91 { Bœufs, vaches et veaux. }
2 , 38 { Moutons, brebis, agneaux. }   680,000,000 kilos de viandes évaluées.
8 , 71 { Porcs, chèvres. }   703,180,518   20 p^r %

Total. 20 kil. par habitant.

Abats et issues. 30,000,000
Poisson, gibier, volailles,
   œufs, beurre et fromage. 130,000,000
40,000 hectolitres en vin, eau-de-vie.
Plus : bierre, cidre, etc.   620,546,174   17
Froment récolté, 69,558,062 h.
Semé,   11,441,780
Consommé,   57,621,213 (6 pour un)   933,386,920   27
Méteil, seigle, orge, avoine, maïs, sarrasin.
Récolté,   122,958,778 h.
Semé,   17,920,516
Consommé,   105,038,256 (7 pour un)   776,318,750   22
Pommes de terre.   202,105,866   }
Légumes, fruits, oliviers, châtaigniers, etc.   287,595,633   } 14

                                                    3,523,133,861   100

Nota. Ces documents de statistique comparée sont extraits de l'excellent ouvrage *de l'Agriculture en France*, par MM. Louis Mounier et Rubichon.

Le ministère, en publiant l'important résumé ci-dessus, n'a guère pu faire d'erreurs sur les produits du règne animal : il était guidé par les octrois de 1,457 villes, qui mettent à leurs portes un impôt sur les bestiaux ; elles consomment au moins les neuf dixièmes de leurs nombres. Il nous donne donc une histoire assez correcte du présent, mais il ne nous dit rien du passé, et ce n'est cependant que ce passé qui peut guider nos conjectures sur notre avenir. Nous croyons que c'est là le point essentiel.

Nous avons dit déjà que les effets du règne de Louis XIV ont été de commencer la division du sol français. Si nous consultons l'histoire fiscale de la France, et c'est là la seule histoire vraie, nous voyons que successivement la production en viande n'a pu tenir pied à l'accroissement des populations. Les régistres de la caisse de Poissy se sont continués pendant plus de cent cinquante ans. Il en est de même des octrois des trente plus grandes villes de France.

Nous avons également des Mémoires des intendants des provinces les plus éclairés, MM. de la Galaisière, de Tolosan, de la Bourdonnaye, etc. De tous ces documents, nous pouvons nous convaincre de ce fait :

C'est que, sous Louis XIV, chaque Français avait 5o kilogrammes de viande à consommer par an ; qu'à l'époque de la révolution il n'en consommait plus que 35 kilos ; d'après le ministre, il en est réduit à 20 kilos ; mais l'ouvrage étant commencé depuis dix ans, nous pouvons garantir, d'après les relevés des octrois, qu'aujourd'hui cette consommation est réduite à 18 kilos par an. Ce n'est pas là notre seule perte ; la litière des bestiaux peut seule activer la végétation, et la disette d'engrais a réduit le produit de la récolte à six pour un de la semence ! Le ministre, dans son Rapport, en est étonné, car nos anciens intendants l'établissaient à dix pour un.

Cet épuisement de notre sol n'a d'autre cause que le changement forcé de notre subsistance. Le règne animal fertilise la terre, le règne végétal l'épuise au contraire : donc, si une portion essentielle de notre nourriture a, depuis Louis XIV, passé de la substance qui fertilise à la substance qui épuise, les choses sont toujours allées de mal en pis jusqu'à ce jour. La moitié du peuple français est obligée, comme on le voit, d'établir sa subsistance sur des grains inférieurs, des légumes secs, des pommes de terres, etc. substances qui ne peuvent en rien soutenir les hommes les plus laborieux de l'Europe, la disette et la cherté des subsistances exigeant chaque jour plus de travail.

Nous devons cependant rendre justice à la bonne foi du rapporteur : il avoue que, lorsque chaque individu en France n'a que 20 kilos de viande à consommer annuellement, la ration de chaque Anglais étant de 68 kilogrammes, elle s'élève annuellement à plus de cent.

Nous le croyons d'après l'accroissement prodi-

gieux de la récolte des laines. La conséquence en
est que chaque hectare de terre cultivée en froment, produit 10 hectolites $\frac{1}{2}$ en France, et dans
la Grande-Bretagne, 35 hectolitres.

Aussi chaque individu a-t-il annuellement à consommer 4 hectolitres de froment dans la Grande-
Bretagne, tandis que le ministère nous en alloue
pompeusement un et trois quarts.

En résultat, c'est dans les calculs du ministère
que nous découvrons cette triste vérité : les trois
quarts des Français sont privés de viande de bou-
cherie, et la moitié est privée de pain de froment.

Si nous voulons suivre le ministre sur le produit
annuel de la France, d'après les rapports officiels
faits en 1843, relativement à l'industrie, nous y
verrons d'une manière encore plus terrible, non-
seulement notre infériorité relativement à l'Angleterre, mais l'impossibilité matérielle de continuer
à exister dans un état pareil.

Ces parallèles sont trop désespérants pour que
nous leur donnions tout le développement qu'ils
mériteraient.

Notre infériorité dans l'importance des manu-
factures se fait sentir surtout sur la dépouille
des bestiaux, dont la valeur ne s'est élevée en
France qu'à 123 millions de francs. En Angleterre,
elle est plus que quintuple : d'abord, parce que les
porcs, qui ne laissent aucune dépouille, entrent dans
notre consommation en viande pour 40 pour $\frac{0}{0}$,
tandis que, dans la Grande-Bretagne, ils n'y entrent

que pour 10 pour $\frac{0}{0}$. Mais la grande différence de richesses entre les deux pays, gît surtout dans la différence du nombre et du poids des moutons. La consommation annuelle en moutons, qui, pour la France, est de 2 kilos $\frac{1}{2}$ par tête, est de 32 kilos dans la Grande-Bretagne.

Il est un autre produit qui ne coûte ni semence, ni engrais, ni frais de culture, qui ne coûte que la peine de le prendre : c'est la tonte des moutons. Le poids de la laine, en 1845, s'est élevé en Angleterre à 240 millions de livres, et en France à 32 millions seulement. Ce qui, en fait de calamités, nous paraît encore plus menaçant pour notre avenir, c'est qu'en 1825, la récolte ne fut en Angleterre que de 140 millions de livres, et que, depuis cette époque, elle s'est élevée chaque année et s'élève encore, tandis que la nôtre diminue tous les jours de manière à disparaître bientôt.

Voilà l'Angleterre ; sa prééminence, sa force, sa puissance, sa gloire, tout est là. C'est envain qu'aujourd'hui nos faiseurs, voulant nous endormir encore sur les causes de la prospérité de la Grande-Bretagne, parlent de son commerce et de ses possessions dans l'Inde et dans les Colonies. Laissons divaguer ces académiciens. Nous n'entrerons pas en controverse avec tant de faux savants. Il vaut mieux éclairer les vrais ignorants, et leur faire observer que chaque peuple de l'Europe a des exportations et des importations, soit des échanges, dans une quantité relative à sa production.

La Grande-Bretagne peut avoir douze fois plus d'exportations en draperie que la France, puisqu'elle produit douze fois plus de laine par individu. Elle peut avoir quatre fois plus d'exportation de bottes, souliers, harnais, objets de sellerie, que la France, parce qu'elle produit quatre fois plus de cuirs. Par contre, chaque individu, dans la Grande-Bretagne, peut consommer quatre fois plus de thé, de café, de sucre, enfin de denrées importées, que chaque individu en France.

Elle importe donc quatre fois plus de ces denrées. Mais, où est le bénéfice, elle prend des denrées délicates en échange contre des salaisons ou des farines. Elle obtient des jouissances, mais elles sont coûteuses comme toutes les jouissances.

Ses richesses ne lui viennent donc pas de son commerce, dont le chiffre est mensonger. Les marchandises exportées ne payant aucun impôt, leur valeur est toujours exagérée d'un tiers. La valeur des importations, au contraire, est soumise à des évaluations très-strictes, parce qu'elles payent des droits d'entrée qui s'élèvent quelquefois à trois fois la valeur des marchandises. Et d'après les pièces officielles, on peut voir que les importations sont toujours moindres de 30 pour $\frac{o}{o}$ que les exportations.

Si on veut être vrai, on ne peut estimer qu'à 800 millions le montant de ce que les étrangers vendent à l'Angleterre, et les intermédiaires de ces échanges n'ont éprouvé que ruine et malheur.

Donc, la Grande-Bretagne est riche, parce que chaque hectare de terre produit 35 hectolitres de froment, parce que le royaume produit 250 millions de livres de laine.

Archimède ne demandait qu'un point d'appui pour soulever le globe : eh bien ! les lois anglaises, par l'agglomération des propriétés, ont créé une agriculture qui est le point d'appui par lequel la Grande-Bretagne a soulevé et soulève le monde.

Quant à ses possessions dans l'Inde et ses cinquante colonies, elles lui sont à peu près aussi lucratives qu'Alger est lucratif à la France.

Qu'on applique les exemples ci-dessus à toutes les industries existantes, on verra, ainsi que nous l'avons posé en principe, que c'est toujours aux productions de la terre qu'il faut remonter.

Des sophistes mettent en avant l'industrie exercée sur le coton et sur d'autres matières étrangères. Nous la croyons désastreuse, mais toujours dans un degré très-limité. L'Angleterre, qui l'a protégée de tout son pouvoir, est arrivée à importer 500 millions de livres de coton qui lui coûtent 150 millions de francs. Elle les file, les tisse et en exporte pour 300 millions. Cette somme ne représente qu'un chiffre très-insignifiant à côté des produits de l'agriculture. Son mobilier en bestiaux est estimé, pour la Grande-Bretagne seule, *à vingt-cinq milliards de francs*, et cette somme fabuleuse a été produite en cinquante ans par un million de familles d'agriculteurs qui ont vendu leurs chétives superficies de quatre ou cinq arpents, sur lesquels ils ne pouvaient pas vivre. Les propriétaires du fonds sont loin d'avoir obtenu de pareils accroissements.

Tels sont les résultats obtenus par des lois qui favorisent l'agglomération de la propriété, comparés à ceux qui la réduisent en poussière par le partage à l'infini.

Voilà le degré de pauvreté où la loi agraire a fait tomber la France, dans ce qu'il y a de plus positif : dans la nourriture de son peuple!...

Assez de comparaisons déchirantes! puissent-elles nous éclairer!... Comment ne pas trouver en elles des éléments de troubles, de destructions? Si des mesures sages ne viennent nous arrêter sur cette pente rapide qui nous mène à la plus affreuse misère, il n'est plus d'existence sociale possible. Je m'arrête devant ces conclusions.

Ma plume se refuse à tracer les paroles du célèbre Canning, qui, ayant appris, par une discussion de la Chambre des pairs, l'état de dissolution de notre propriété territoriale (il ne s'en doutait pas avant), voyant qu'il n'y avait plus en France ni hommes ni choses, fit en sortant sa célèbre prophétie :

« Nous reprendrons, dans cinquante ans, nos « provinces de l'Ouest de la France! »

Paroles orgueilleuses, s'il en fut jamais, mais qui pourraient bien se réaliser, si le patriotisme de tous les hommes de cœur ne se chargeait de leur donner un éclatant démenti.

Si nous consultons l'histoire des peuples qui, après avoir brillé au premier rang des nations, ont été subjugués et conquis plus tard, nous verrons que la loi agraire a toujours précédé ces catastrophes. Les Égyptiens et les Chinois en fournissent des exemples bien frappants.

Pour terminer, jetons un coup d'œil rétrospectif sur les causes de nos misères :

Les longues guerres du règne de Louis XIV ont, en ruinant la noblesse, commencé la division des grandes propriétés.

Celles du clergé restaient encore, se fertilisaient et soutenaient la France.

La révolution de 89 arrive ; elle engloutit dans ses confiscations les terres de la Couronne, du clergé et de la noblesse. Les immeubles des hôpitaux, des hospices subissent le même sort. Tout devait se vendre, être mis en lambeaux. Il y eut toutefois bientôt un temps d'arrêt. La Convention décapita 50 Girondins au nombre des plus gros acheteurs de ces biens.

Napoléon, s'emparant du pouvoir, restitua quelques portions de ces biens aux établissements publics. Les bois seuls, tant à l'état qu'aux particuliers, furent mis en réserve.

Louis XVIII, remontant sur le trône, quoiqu'on en ait pu dire depuis, au milieu des acclamations et d'un vrai délire de joie, aurait pu ce qu'il aurait voulu.

Quelques bois à des particuliers étaient invendus : ils leurs furent restitués. La maison d'Orléans rentra dans d'immenses possessions : tout le monde a pu apprécier le noble emploi qu'elle a fait des richesses qui lui furent rendues, et la reconnaissance qu'elle a conservée de ce bienfait.

Peu d'années après la Restauration, nos départements furent couverts d'un essaim de puissantes associations, qui, sous le nom de bandes noires, achetèrent les grandes propriétés, et les divisèrent à l'infini.

Telle est la grande calamité qui nous a plongés dans l'état de misère qui nous couvre, et que le but de cet écrit est de démontrer.

Ajoutons, pour donner le dernier coup de pinceau au tableau de nos misères, que les forêts de l'état étaient aménagées de telle sorte que ce n'était qu'en 1850 qu'il ne devait plus nous en rester.

La Révolution de 1830, n'ayant plus rien trouvé à détruire sur le sol, s'est empressée de se créer cette ressource, qui a été absorbée en quatre ou cinq ans. Le Rhône, en 1840, la Loire et tous leurs affluents se sont chargés de nous en informer, et nous ont appris quelles sont les conséquences d'une pareille œuvre de destruction.

Pourquoi faut-il que ce noble peuple de France, si grand partout, à la tête de la civilisation du globe, ne veuille pas s'arrêter, quand il en est temps encore, sur cette pente fatale qui le mène à sa perte ?...

Pourquoi faut-il que ce peuple dont le monde entier a de tout temps admiré le brillant courage, le sublime dévouement, l'étonnante intelligence, se laisse égarer par de mesquins intérêts personnels, sacrifier à la cupidité et aux vanités de quelques utopistes, qui, en prônant la liberté et l'égalité, soumettent la France entière aux conséquences d'une émeute faite à Paris par quelques milliers d'ouvriers égarés, renforcés de quelques milliers d'échappés des bagnes?

J'en appelle à tout homme de cœur, à tout homme qui veut réellement, avant tout et par dessus tout, le bonheur de son pays, sa gloire, sa véritable indépendance.

Qu'est-ce que la France peut gagner à de pareilles utopies?

Combien de temps pouvons-nous exister encore avec les éléments de dissolution qui nous régissent?

Je crois avoir prouvé d'une manière irrécusable notre marche rapide vers la plus affreuse misère. Aussi, malgré le courage indomptable de notre armée, malgré la haute capacité de ses chefs, qu'est devenue notre politique, notre influence en Europe? Dieu! que nous sommes loin du temps où on ne pouvait y tirer un coup de canon sans notre permission!

Peuple aveugle, ouvre donc les yeux, et sache une fois que tes véritables amis ne sont pas ceux qui te flattent, mais bien ceux qui te montrent la vérité toute nue, quelque sévère qu'elle soit…